Début d'une série de documents
en couleur

OUVERTURES SUPERIEURE ET INFERIEURE D'IMPRIMEUR

Fin d'une série de documents
en couleur

LA VILLE ET LA CAMPAGNE

7· SÉRIE IN-12.

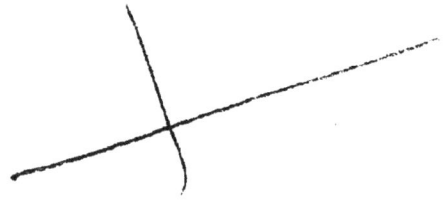

Benoît eut encore à

LA VILLE

ET

LA CAMPAGNE

PAR BERQUIN.

LIMOGES
EUGÈNE ARDANT ET Cie, ÉDITEURS.

LA VILLE
ET LA CAMPAGNE

— ◆◆◆ —

CHAPITRE I

Timoléon Duprat était un enfant de
la plus belle espérance, il se faisait remarquer par des études avancées pour
son âge; l'année scolaire venait d'expirer, et il avait recueilli une belle mois-
son de prix et d'accessits; aussi son père
était-il enchanté de lui, et il se disposait
à l'emmener passer ses vacances dans
une de ses terres.

A part ces avantages que je viens de
signaler, Timoléon avait un petit travers :
c'était de ne jamais être content de sa

position, de ne jamais se trouver bien
où il était, et de désirer toujours ce qu'il
n'avait pas.

Ce n'était pas ambition chez lui, car
ses vœux se bornaient souvent aux choses les plus simples, et on pouvait même
le considérer comme une espèce de petit
philosophe ; mais lorsqu'on en est à désirer, quel que soit l'objet de nos vœux,
on est toujours mécontent dès qu'il n'y a
pas possibilité de les satisfaire. Et puis
cette manie est désespérante ; car ce
qu'on veut avoir est à peine obtenu qu'on
ambitionne autre chose ; c'est un besoin
insatiable.

Ce fut cependant un grand bonheur
pour Timoléon que d'aller passer ses
vacances à la maison de campagne de son
père. C'était une nouvelle existence ; les
plaisirs des champs devaient s'y succéder
en grand nombre : la pêche, la chasse,

les vendanges; il se faisait une fête de
tout cela.

Et puis, il avait des amis là-bas : c'é-
tait sa nourrice d'abord, excellente femme, qui l'aimait comme un des siens;
c'était la famille Blondeau, petit cultivateur du pays, dont le fils, appelé Benoît, était à peu près de son âge, et par-
tageait tous ses jeux.

M. Duprat, en voyant l'empressement
de son fils, dont, au reste, il avait tant
lieu de se louer, se hâta de terminer ses
affaires, et ils partirent.

J'ai parlé du jeune Benoît Blondeau,
cet ami de campagne que Timoléon allait revoir, et avant d'aller plus loin,
je suis bien aise de vous donner quelques détails sur lui; car il est appelé
à jouer un rôle dans le cours de cette
histoire.

Benoît n'avait pas beaucoup de goût

pour exercer le rude métier de son père,
bien cependant qu'il fût d'une consti-
tution forte et vigoureuse; mais son
caractère, fort bon du reste, le portait
toujours vers des idées au-dessus de son
état; c'était en somme un excellent petit
garçon, aimant et serviable, évitant de se
trouver avec les enfants du village, dont
il dédaignait la turbulence et les grossiers
amusements.

Benoît n'avait que quelques instants
heureux dans sa vie, c'était lorsque le
retour des vacances amenait au pays son
cher Timoléon, qui voulait bien le choisir
pour compagnon pendant cette époque
fortunée; l'amitié du jeune citadin le re-
levait à ses propres yeux et il continuait
à s'ennuyer tout le long de l'année,
pourvu qu'il eût deux ou trois mois à
passer avec son ami.

Aussi, pendant sa longue absence, il

s'occupait à lui préparer quelque sur-
prise, et son esprit s'évertuait à inventer
quelque chose de nouveau qui pût lui
plaire, lorsque la clôture des études le lui
rendait.

De son côté, Timoléon n'arrivait pas
sans apporter quelque objet à Benoît;
chaque année, aux étrennes, il mettait
de côté la part de Benoît, dans les cadeaux qui lui étaient faits, et le moment
des échanges était un grand bonheur
pour tous deux.

Benoît ne manquait pas d'une certaine
instruction. Le curé du village l'avait pris
en affection, lui avait fait faire quelques études, et il avait assez bien profité
de ce qu'il avait appris.

J'ai dit que Benoît avait le défaut de
désirer des choses au-dessus de sa condition; effectivement, son caractère était
un peu ambitieux, et ses rapports avec

Timoléon étaient peut-être un malheur
pour lui; car ils excitaient encore cette
mauvaise disposition, et il n'envisageait
pas, sans un certain sentiment d'envie,
la situation plus élevée où le sort avait
placé son ami; mais cette disposition
n'influait en rien sur l'attachement qu'il
avait pour lui, et il en souffrait seul.

CHAPITRE II.

Benoît avait été instruit par une lettre
de l'arrivée de Timoléon. Ce-jour là, il
était parti de bonne heure au-devant de
son collégien, et il fit plus d'une lieue
avant d'atteindre la voiture.

En l'apercevant, Timoléon sauta en
bas du cabriolet et ils s'embrassèrent cordialement. M. Duprat jouissait de voir
l'amitié de ces deux enfants; il fit quel-

ques caresses au jeune paysan et lui dit
de prendre place dans le cabriolet à côté
de son fils.

— Qu'est-ce que tu m'apportes là,
mon cher Benoît? dit Timoléon, en
voyant quelque chose que celui-ci portait
sous le bras.

— C'est un nouveau filet pour prendre les oiseaux, que notre garde-cham-
pêtre m'a appris à faire, et que j'ai fabri-
qué tout exprès pour vous, monsieur
Timoléon.

— Oh! mon ami, que je te remercie! nous nous amuserons bien avec
cela.

— Voici maintenant une arbalète;
j'en ai une autre à la maison, nous pour-
rons tirer au prix.

— Elle est fort belle, et c'est toi qui
l'as faite aussi?

— Oui, monsieur Timoléon, et je serai bien content si elle vous fait plaisir.

— J'en suis enchanté, et je te remercie bien, mon cher Benoît; mais tu es bien industrieux.

— C'est que tout le temps que vous êtes absent, je l'emploie à penser à vous, et c'est le désir de vous être agréable qui me rend adroit.

— Ces objets auront plus de prix pour moi, puisque je les dois à ton amitié. Mais je t'apporte aussi différentes choses dont tu seras content.

— Il me suffira que ça vienne de vous, monsieur Timoléon, pour que je les garde précieusement.

La voiture s'arrêta devant le château de M. Duprat; il retint Benoît à dîner avec son fils, et lorsque les caisses furent déballées, celui-ci s'empressa à son tour de faire à son ami les cadeaux qu'il lui apportait; c'était d'abord une très-belle longue-vue avec laquelle il pourrait voir à une très-grande distance et explorer les paysages pittoresques des environs.

Benoît fut dans le ravissement; et comme son cœur lui fournissait toujours l'occasion d'épancher son attachement, il dit à Timoléon que ce meuble lui servirait à le voir de plus loin, quand il reviendrait l'année suivante.

— Et comment trouves-tu cela? ajouta Timoléon, en tirant de la caisse un porte-feuille qui contenait une collection de gravures enluminées.

— Oh! cela c'est trop beau, monsieur Timoléon; oh! je ne veux pas prendre cela, ce serait vous en priver.

— Prends! prends! je l'ai apporté

tout exprès pour toi. Tiens, voilà encore
quelques livres qui serviront à te désen-
nuyer.

Benoît était au comble du bonheur; il
ne savait comment exprimer sa gratitude
à son ami; mais en même temps qu'il
jouissait de se voir possesseur de si belles
choses, il éprouvait intérieurement une
autre impression.

« Qu'on est heureux, se disait-il, quand
on habite la ville, d'avoir à sa disposition
des objets aussi magnifiques! encore
faut-il croire qu'il en existe de plus
beaux; car, bien certainement, Timoléon
n'a pas choisi ce qu'il avait de mieux
pour m'en faire don; c'est assez juste;
mais c'est égal, je ne lui en ai pas moins
d'obligation, et je suis enchanté de sa
bonté pour moi. »

C'est ainsi qu'à travers sa reconnaissance, Benoît n'en laissait pas moins

percer le désir couvé par sa jeune ambition, qui regrettait que le sort ne l'eût
pas fait naître citadin. C'était au reste
un sentiment assez naturel; car il est
dans la nature de l'homme de rechercher
l'amélioration; mais il ne faut pas se
butter contre ce qui ne dépend pas de
nous, et regretter l'impossible. C'est un
noble désir, sans doute, que de chercher à s'élever; mais il ne faut pas non
plus que ce désir aille trop loin, et
maudire notre impuissance au lieu de
nous résigner à la condition où le ciel
nous a placés.

Les souhaits que formait Benoît de-
vinrent plus ardents que jamais pendant
le séjour que Timoléon fit cette année à
la campagne; jusque-là son envie avait
été vague, mais cette fois elle était deve-
nue une passion bien prononcée.

Ils passèrent néanmoins le temps des

vacances au milieu des plaisirs qu'on
trouve aux champs, et Timoléon était,
lui, le plus heureux des enfants; il jouissait au village d'une existence nouvelle
de plaisir et de liberté, et c'était avec
regret qu'il envisageait l'instant où il
faudrait reprendre les sévères habitudes
du collège.

En attendant, nos deux amis s'en
donnaient à cœur-joie et profitaient du
peu de jours qui leur étaient comptés
pour être ensemble.

———

CHAPITRE III.

Le jour du départ était fixé. Déjà les
domestiques emballaient les caisses et
chargeaient la voiture; M .Blondeau vint
au château avec son fils pour faire ses

adieux à M. Duprat. Celui-ci lui serra la main avec cordialité et l'emmena avec lui dans son cabinet pour régler quelques affaires.

Les fenêtres de ce cabinet donnaient sur une terrasse ornée d'arbustes et de fleurs, qui s'étendait dans toute la longueur de la façade de la maison et la séparait du jardin.

Timoléon et Benoît se prirent par la main et s'avancèrent tristement sur cette terrasse. Ils restèrent quelques instants sans se parler, et voici la conversation qu'ils eurent ensuite.

BENOIT.

Mon Dieu, monsieur Timoléon, nous allons donc être encore un an sans nous voir !

TIMOLÉON.

Mon Dieu ! oui, et ça me fait autant de peine qu'à toi.

BENOIT *en pleurant.*

Oh! ça n'est pas possible. Moi, je n'ai personne ici avec qui je puisse m'amuser, et je passe mes journées fort tristement; tandis que vous, à la ville, vous avez tant de camarades, et on y voit de si belles choses à ce qu'on dit, car je n'en sais rien par moi-même, puisque je n'y suis jamais allé!

TIMOLÉON.

Comment, tu n'es jamais venu à Lyon?

BENOIT.

Non, monsieur Timoléon.

TIMOLÉON.

Eh bien! veux-tu que je dise à papa de t'emmener avec nous?

BENOIT.

Vous êtes bien bon... Ce n'est pas cela; je voudrais aller à la ville pour l'habiter.

TIMOLÉON.

Oh! tu es bien bon; ce n'est pas déjà une existence si magnifique que tu penses. Tu ne me ressembles pas; car moi, j'envie ton bonheur d'être à la campagne, et je serais bien heureux que mon papa me promît d'y passer ma vie.

BENOIT.

Qu'est-ce que vous dites donc là, monsieur Timoléon? c'est pour vous moquer de moi.

TIMOLÉON.

Non, certes. Je parle sérieusement. Tiens, tu ne sais pas. Mes parents m'ont demandé souvent quel était l'état que je comptais prendre un jour, et pour quelle chose je me sentais le plus de vocation. Je ne me suis jamais expliqué; mais veux-tu que je te le dise à toi? Eh bien! la condition qui me plairait par-dessus tout, ce serait d'être cultivateur comme ton père.

DENOIT.

En vérité, je n'en reviens pas. Vous, qui devez être riche, qui aurez un jour tout ce qu'on peut désirer au monde, être cultivateur! un métier si rude et si fatigant.

TIMOLÉON.

Bah! fatigant; et le plaisir d'avoir des bestiaux à élever, de voir grandir le grain qu'on a semé; et puis on est si bien, si tranquille ici! En vérité, il ne tient à rien que je ne prie mon père de m'y laisser.

BENOIT.

Eh bien! voyez un peu comme le sort n'est pas juste; vous voulez à toute force être campagnard, et moi je m'ennuie de l'être. Votre position me semble la plus belle du monde, et j'ai tant de désir d'aller demeurer à Lyon, que j'accepterais peut-être la condition la plus dure pour y aller.

TIMOLÉON.

Tu ne sais pas ce que tu dis ; tu t'ennuierais bien vite.

BENOIT.

Ne croyez pas cela.

TIMOLÉON.

Tu ne sais pas ton bonheur.

BENOIT.

Vous ne connaissez pas le vôtre. Aussi, je vous le répète, je ne crois pas que vous parliez sérieusement.

TIMOLÉON.

Si sérieusement que si mon père consentait à ce que tu allasses à ma place, et à ce que je restasse à la tienne, je serais enchanté.

Cette conversation roula encore quelque temps sur le même sujet, et les deux amis en étaient encore à se débattre, quand ils virent arriver M. Duprat et M. Blondeau.

———

CHAPITRE IV.

Les deux pères n'avaient pas perdu un mot de cette discussion; ils avaient tout entendu derrière la jalousie du cabinet de M. Duprat, et ils avaient suivi la contestation de leurs enfants avec le plus vif intérêt.

M. Duprat résolut de profiter de cette circonstance pour guérir par une forte leçon le caractère inconstant de son fils, et M. Blondeau, qui de son côté gémissait de voir l'esprit ambitieux de Benoît, voulut aussi tenter de le corriger.

Les deux pères dissimulèrent avec eux ; ils avaient conçu un dessein qui devait produire son effet sur ces jeunes têtes. M. Duprat les aborda en leur disant que son départ était ajourné jusqu'au surlendemain, à cause d'une grave circonstance qui les intéressait tous deux et qu'il leur ferait connaître à table

Il demanda ensuite à M. Blondeau la permission de s'absenter quelques instants, parce qu'il avait affaire ; celui-ci prit les deux enfants par la main et se promena avec eux dans le jardin, qui était magnifiquement entretenu.

Lorsque la cloche du dîner les appela, ils trouvèrent dans la salle à manger un convive sur lequel ils ne comptaient pas, et dont la vue fit néanmoins un grand

plaisir à Timoléon. C'était la vieille Berthe, sa bonne nourrice. Il courut
l'embrasser avec tendresse, et cette
bonne femme lui rendit ses caresses avec
émotion.

On se mit à table; la pauvre Berthe
ne mangeait pas, et elle était sensible-
ment agitée.

— Mon cher monsieur, disait-elle
tout bas à M. Duprat, près de qui elle
était placée, je n'aurai jamais le courage de faire de la peine à ce brave enfant.

— Chut! Berthe, lui disait M. Duprat; songez que c'est pour son bien,
et que vous lui rendez service.

Timoléon surprit quelques-unes des
exclamations de sa nourrice, auxquelles
il ne comprenait rien, et elles servi-
rent à confirmer ce qu'on allait lui
dire.

Lorsqu'on eut desservi, et que les domestiques furent retirés, M. Duprat prit un air grave et sérieux, et commença ainsi :

« Mes chers amis,

» Je vous ai tous réunis, afin de vous faire connaître une circonstance bien importante pour chacun de vous, et dont les conséquences vont influer d'une façon bien bizarre sur votre destinée, mes deux enfants.

» Toi, Timoléon, tu m'aimes, je le crois, tendrement; et moi-même je t'ai voué une vive affection; malgré cela, mon cher enfant, je dois t'avouer que tu n'es pas mon fils. »

Timoléon, à ces mots, resta stupéfait, et la pauvre Berthe, quoique cette décla- ration ne fût pas sérieuse pour elle, ne put retenir ses sanglots.

» Oui, mon ami, continua M. Duprat, tu n'es pas mon fils. Les explications dans lesquelles je vais entrer, t'apprendront comment il se fait que jusqu'à ce jour tu aies passé pour tel; mais j'ai mieux aimé arriver de suite au but.

» C'est toi, Benoît, qui es mon enfant; viens m'embrasser. Et toi, Timoléon, cours dans les bras de M. Blondeau, car c'est à lui que tu dois le jour. »

Les deux enfants étaient étourdis de cette scène, et il y avait de quoi; aussi se prêtaient-ils machinalement à ce qu'on leur demandait; M. Duprat, qui ne voulait pas leur laisser le temps de se reconnaître, et qui craignait surtout que la pauvre Berthe ne finit par se trahir, continua en ces termes :

« Il me reste maintenant à vous expliquer par quels événements vous avez été substitués l'un à l'autre, et comment surtout moi et M. Blondeau nous avons été aussi longtemps dans la même erreur que vous.

» C'est la bonne Berthe qui aujourd'hui même nous a fait savoir ce mystère : le voici dans tous ses détails :

» Nous t'avions placé, ta mère et moi, mon cher Timoléon, auprès de cette brave et digne femme, lorsque tu venais à peine de naître.

» Sous le nom de Timoléon, c'est à toi que je m'adresse, Benoît, car c'est le nom qui t'appartient.

» De son côté, madame Blondeau venait d'accoucher d'un fils, mais faible, souffreteux, et dont l'existence semblait fort chancelante.

» La maison de M. Blondeau, vous le savez, touche à celle de Berthe ; madame

Blondeau lui rendait souvent visite, pour
profiter de son expérience et la consulter
sur ce qu'elle devait faire pour bien soi-
gner son enfant.

» Un jour que Berthe était sortie pour
quelques affaires, madame Blondeau pé-
nètre chez elle; et par un bizarre caprice,
elle substitua son enfant au mien. Soit
qu'elle fût frappée de l'idée que le
sien ne vivrait pas, ou tout autre motif,
toujours est-il que mon fils devint le
sien.

» Vous étiez si jeunes encore l'un et
l'autre, et vos traits étaient si peu déve-
loppés, que Berthe ignora cette super-
cherie, et ne la sut qu'à la mort de madame Blondeau, qui la fit appeler quelque temps avant d'expirer, pour lui con-
fesser cette substitution que sa conscience
lui reprochait.

» Berthe fut bien longtemps sans oser

révéler ce grave secret, car elle craignait
ma colère ; mais enfin elle s'est décidée,
comme le lui imposait son devoir, à me
le faire connaître. C'est pour vous en
faire part, et pour que chacun de vous,
chers enfants, rentre dans la condition
qui lui appartient, que je vous ai assem-
blés aujourd'hui.

« Ainsi donc, toi que jusqu'à ce jour
j'ai regardé comme mon fils, il faut nous
séparer aujourd'hui; et tu vas rester avec
ton véritable père. Je ne t'en conserve-
rai pas moins mon attachement et mon
amitié, car je ne peux oublier les rapports qui nous ont unis, et toi, mon
ami, toi mon fils, mon véritable fils, tu
vas te préparer à me suivre à Lyon, et
à rentrer dans le rang qui t'appartient. »

Une scène d'attendrissement succéda
à ce discours de M. Duprat. Timoléon ai-

mait tendrement son père; l'idée qu'il ne
lui appartenait plus par les liens du
sang, l'accablait; d'un autre côté, Benoît,
à part ses idées d'ambition qu'un tel
changement favorisait, et qui aurait dû
s'en trouver heureux, n'avait pas un
cœur assez perverti pour se séparer froi-
dement d'un homme qui l'avait élevé
avec la plus vive tendresse, et qu'il chérissait de toute son âme.

La rupture instantanée d'affections si
fortes et si sacrées les accablait tous
deux, et dominait tous les petits projets
qu'ils avaient faits sans réflexion; et ils
avaient peine à concevoir un changement
aussi inopiné.

M. Duprat et M. Blondeau n'auraient
pas eu le courage de prolonger cette comédie, en voyant la douleur réelle qui
s'était peinte sur leurs traits, s'ils n'a-
vaient senti le besoin de leur être utiles

en les corrigeant, et en les mettant à
même d'apprécier par leur propre expérience les choses qu'ils ambitionnaient
sans raisonnement et avec les faux aperçus de leurs jeunes têtes.

———

CHAPITRE V.

C'était le lendemain qu'avait lieu le
départ de M. Duprat. Je laisse à penser
dans quelle agitation les deux enfants
passèrent la nuit; ils avaient peine à
s'imaginer qu'une telle révolution se fût
opérée dans leur fortune. Cet événement
était tellement en dehors des choses
ordinaires, qu'il les étourdissait, et
qu'ils ne pouvaient croire que ce ne fût
pas un rêve.

Timoléon, je l'ai dit, était une espèce
de petit philosophe; il se trouvait parfaitement résigné à descendre à une condition plus basse, puisqu'elle était d'ailleurs en rapport avec ses goûts du moment; mais l'idée qu'il n'était plus rien
pour M. Duprat, que son père n'était
plus son père, et qu'il fallait reporter
à un homme qui lui était étranger les
sentiments d'amour et d'affection qu'il
avait portés à celui auquel il avait toujours
accordé ce titre, tout cela l'affectait hor-
riblement.

Benoît, lui, tout en regrettant M. Blondeau, se faisait une sorte de raison, et
ses rêves se doraient agréablement. Il
était aussi affecté de ce qu'il considérait
comme un malheur pour son ami; mais
après tout, disait-il, il est juste que les
choses se remettent à leur place quand
elles ont été dérangées, et je ne lui en

veux pas d'avoir usurpé mes droits pendant si longtemps; cela ne m'empêchera pas d'agir avec lui comme il faisait avec moi, et je lui ferai tout le bien que je pourrai, mais il faut dans tout cela que la volonté de Dieu soit faite.

Selon le désir de leurs parents, Timoléon et Benoît échangèrent leurs habits. Ils avaient couché tous les deux au château. Timoléon venait à peine de se lever quand M. Blondeau entra dans sa chambre. En le voyant avec les habits de Benoît, il s'écria :

— Oh! oh! c'est bien; je vois, mon ami, que tu as pris le costume qui convient à ton nouvel état. Dame! tu as été élevé jusqu'à ce jour comme un petit monsieur; il faudra prendre une autre manière de vivre, un peu plus rude, mais tu t'y feras avec de la bonne volonté. Allons! mon garçon. embrasse-moi, et nous allons faire nos adieux à ce brave M. Duprat, et le remercier des soins qu'il a eus de toi jusqu'à ce jour.

— Monsieur... mon... père, répondit Timoléon en versant quelques larmes, je suis prêt à vous suivre.

Benoît était déjà auprès de M. Duprat lorsqu'ils entrèrent; quoiqu'un peu embarrassé de sa nouvelle condition, il montrait une sorte de joie qu'il avait peine à réprimer, car il en sentait l'inconvenance; M. Blondeau s'en aperçut, et son cœur en fut affecté; cependant, comme il savait que son fils avait au fond un bon cœur, il espéra que cette impression ne serait que passagère.

— Mon... p... monsieur, si je fais paraître quelque affliction dans la circonstance extraordinaire qui me sépare

de vous, croyez bien que ce n'est pas
votre fortune que je regrette, non! je
prends Dieu à témoin que j'aimerai
M. Blondeau, mon nouveau père, enfin,
comme s'il était aussi riche que vous;
mais, vous avez eu soin de mon enfance,
vous m'avez élevé avec une bonté et une
sollicitude dont mon cœur est vivement
pénétré; je suis habitué à vous respecter
et à vous chérir; permettez-moi de me
considérer toujours comme votre fils, et
de consacrer ma vie à une éternelle reconnaissance.

— Sans doute, mon ami, répondit
M. Duprat en le serrant contre son
cœur, tu seras toujours chéri par moi
comme un enfant, et je ne veux pas t'in-
terdire des sentiments qui font honneur
à ton âme.

— Et M. Timoléon, ajouta à son tour
M. Blondeau en s'adressant à Benoît.

n'a-t-il rien à me dire avant que nous nous quittions?

Benoît resta un peu confus; mais ces paroles de son père le rappelèrent à lui-même et réveillèrent ses sentiments d'affection; il courut dans les bras de M. Blondeau.

Les deux pères sortirent ensemble, sous un prétexte, et laissèrent les enfants seuls. Ceux-ci restèrent quelque temps embarrassés l'un devant l'autre; enfin, Benoît, qui avait le plus gagné à cet échange, crut que c'était à lui à faire les premiers pas.

BENOIT.

Eh bien! monsieur Timoléon, voilà de bien drôles de choses qui se sont passées.

TIMOLÉON.

Pourquoi m'appelez-vous Timoléon? vous savez que je me nomme Benoit.

BENOIT.

C'est vrai; mais je crois que j'aurai
bien du mal à me faire à tout ce changement.

TIMOLÉON.

Pourquoi donc, est-ce que vous en
êtes fâché?

BENOIT.

Fâché, non! pas pour moi, mais pour
vous.

TIMOLÉON.

Oh! vous avez bien de la bonté,
tant de bonté que j'ai peine à y
croire.

BENOIT *tristement.*

Comme vous me parlez à présent,
est-ce que vous m'en voulez de tout
cela?

TIMOLÉON.

Mon Dieu non! et j'aurais tort de vous
montrer de l'humeur.

3

BENOIT.

Tenez, monsieur Tim..., monsieur Benoît... mon Dieu! j'aurai bien de la peine à ne plus vous appeler comme autrefois... Tenez! je vous jure que je voudrais pour tout au monde que vous fussiez mon frère, et si M. Duprat voulait consentir à partager son amitié et sa fortune entre nous, je serais bien heureux; voulez-vous que je le lui de-demande?

TIMOLÉON.

Non! non! mon ami, je ne doute pas de ton bon cœur, accepte ta nouvelle condition comme je me résigne à la mienne, et nous serons contents l'un et l'autre

BENOIT.

Ah! bon, voilà que vous me tutoyez comme autrefois, tenez monsieur Tim...

monsieur Benoît, je ne serai jamais plus
fier non plus, et ça sera un bonheur pour
moi que nous restions amis.

C'est à mon tour d'être le plus riche;
eh bien! je ferai comme vous faisiez envers moi; dans tout ce qu'on me donnera
il y aura toujours votre part, et ça ne
sera pas la plus mauvaise. Quand je serai grand et que je serai riche, ça sera
tout de même; vous ne manquerez jamais de rien, oh! c'est que je ne suis pas
un ingrat, moi, vous verrez.

TIMOLÉON.

Mon ami! mon cher ami! s'écria Timoléon en se jetant dans les bras de
Benoît; ton amitié me sera plus pré-
cieuse que tout autre chose, conserve-la-
moi.

M. Duprat et M. Blondeau, qui s'é-
taient ménagé les moyens d'être témoins
de cette scène sans être aperçus, entrè-

rent en ce moment, le cœur vivement
ému des sentiments nobles et désintéres-
sés de leurs enfants ; s'ils n'avaient pas
été si avancés, ils n'auraient peut-être
pas prolongé plus loin la comédie qu'ils
avaient préparée ; mais cela aurait pro-
duit mauvais effet, leur leçon serait
restée incomplète, et le but qu'ils s'étaient
proposé, d'ailleurs, n'était pas encore
atteint.

En conséquence, M. Duprat annonça que le moment du départ était
arrivé, il embrassa Timoléon et le re-
mit entre les bras de M. Blondeau, auquel Benoît faisait déjà ses adieux. Il y
eut encore bien des larmes de versées
de part et d'autre ; enfin M. Duprat et
Benoît montèrent dans le cabriolet, qui
s'éloigna, et M. Blondeau prit Timoléon par la main pour se rendre à la
ferme.

CHAPITRE VI.

Comme notre récit est obligé maintenant d'être partagé en deux, nous allons
laisser Timoléon à la ferme, où nous
reviendrons voir si ses rêves de bonheur
champêtre se sont réalisés, et nous allons
suivre Benoît devenu citadin, pour voir
si ses petits projets d'ambition reçoivent
un accomplissement aussi brillant qu'il
l'espérait.

M. Duprat avait prévenu son épouse,
femme d'un caractère prudent et sage,
et elle avait applaudi au stratagème em-
ployé par son mari, pour donner à Timoléon une leçon d'expérience dont il se
souviendrait toute sa vie.

En conséquence, tous les gens de la

maison furent prévenus, et quand Benoît
arriva, ils le reçurent comme le fils de la
maison.

Benoît, bien qu'encore un peu jeune,
aidait son père dans ses travaux d'agriculture, il était accoutumé à une vie
active et rude; et comme, ainsi que je
l'ai dit, il prenait fort peu d'amusement
avec les enfants de son village, le travail
lui servait en quelque sorte de délassement, et il y avait pris goût.

L'existence qu'il avait souhaitée, et
qu'en apparence le sort semblait lui avoir
fait obtenir, allait donc offrir un grand
contraste avec ses habitudes naturelles;
nous allons voir bientôt comment il va
s'en trouver.

En arrivant, il fut d'abord étonné du
luxe et des richesses qui régnaient dans
toute la maison; comme il n'avait jamais

rien eu à leur comparer, tout cela était fort éblouissant pour lui.

Madame Duprat, qui était une femme remplie de douceur et de bonté, et qui professait une grande estime pour M. Blondeau, accueillit Benoît comme si c'était son fils; mais celui-ci était fort embarrassé devant elle et n'osait l'appeler sa mère.

Le jour même de l'arrivée de son mari, cette excellente dame voulant fêter son retour, avait réuni plusieurs amis à dîner; il fallait voir la contenance gauche et timide du pauvre Benoît au milieu de toutes ces personnes; il ne comprenait rien à tout ce qui se passait, il était dans un autre monde, et quand on lui adressait la parole il répondait tout de travers, et disait quelquefois des choses si incohérentes, qu'on ne pouvait s'empêcher de sourire.

Enfin son début fut pour lui une série d'infortunes, et ne le prévint pas en faveur de cette existence si belle et si dorée qu'il avait si souvent rêvée.

Premièrement, il marcha maladroitement sur la patte d'un petit épagneul gros comme le poing, qu'il manqua d'écraser tout entier. Madame Duprat, qui chérissait cet animal, s'emporta contre Benoît; quoique bonne à l'excès, elle était un peu vive, aussi lui parla-t-elle durement.

M. Duprat chercha à consoler le pauvre enfant, qui s'était retiré bien triste et le cœur gonflé; il le ramena auprès de sa femme, à laquelle Benoît fit ses excuses. Madame Duprat, dont la vivacité passait vite, l'embrassa et lui recommanda d'être plus attentif dorénavant.

Il y avait dans la société un autre

petit monsieur, qui avait, lui, au contraire, les grâces et l'aisance que donne
l'habitude de la société; il était attentif et prévenant envers les dames, et se
faisait remarquer par son babil spiri-
tuel.

Benoît, auquel il avait adressé quelquefois la parole, le regardait d'un œil
d'envie; il cherche à s'encourager et
se dit à lui-même : « Voyons, puisque je
suis appelé à vivre dans le grand monde,
il faut que je fasse comme ce petit
monsieur-là, afin de me faire bien regarder, et cela plaira à mes nouveaux
parents. »

Il attendit donc pour mettre à exé-
cution ce beau plan. Il aperçut une
dame qui priait qu'on lui apportât un
objet qu'elle avait laissé sur une console;
il s'élance aussitôt, et s'empresse d'apporter ce qu'on demandait; mais, en

passant dans le cercle où les dames étaient
assises, il accrocha avec son pied la
garniture d'une robe fort belle que portait
une dame de distinction, et il y fit un
accroc épouvantable.

Toute la société jeta les hauts cris,
madame Duprat était désolée, et s'empressa de faire des excuses à la dame,
qui la pria, de la meilleure grâce du
monde, de ne pas s'occuper de ce petit
accident.

Quant au malheureux Benoît, confus, désespéré, il s'était réfugié dans
un coin du salon, d'où, accablé sous le
poids de sa honte, il n'osait lever les
yeux.

On cessa de s'occuper de lui, l'ennui
l'accablait, et il bâillait à se démonter
la mâchoire; bientôt le sommeil appe-
santit ses yeux; l'heure à laquelle il
avait l'habitude de se livrer au repos était

d'ailleurs dépassée, il finit par s'endormir sur un fauteuil.

M. Duprat, qui l'observait du coin de l'œil et qui avait son plan tracé, d'après ce dont il était convenu avec M. Blondeau, s'approcha doucement de lui et le réveilla.

— Qu'est-ce que tu fais donc là, mon ami? c'est une chose fort inconvenante que de dormir ainsi en société.

—Ah! ah! Monsieur, mon père, pardon, répondit Benoît en étendant les bras et en bâillant, c'est que je me couche ordinairement de bonne heure, et je n'ai pu résister.

— A la ville, c'est bien différent; il faut t'habituer à rester pour te former un peu, et prendre un maintien plus décent.

— C'est que... à présent, j'ai bien

envie de dormir; si vous vouliez, une
autre fois je resterais plus longtemps.

— Non! non! il faut commencer aujourd'hui; tu es mon fils, il faut maintenant que tu agisses comme tel; nous nous
retirerons à minuit; ainsi, tâche de te com-
porter comme il faut d'ici-là.

Minuit! il fallait attendre minuit, et il
était à peine neuf heures. Le pauvre
Benoît se transporta en idée à la ferme
de son père, où tout le monde reposait
déjà paisiblement, où il agissait comme
il voulait sans que personne y trouvât
à redire. Quelques regrets commencè-
rent à se glisser dans son cœur, mais
il les étouffa en songeant qu'il finirait
par s'habituer à ce qu'on exigeait de
lui.

Tout cela n'empêcha pas que le sommeil ne l'emportât quelquefois sur les
efforts pénibles qu'il faisait pour le com-

battre, et il fut encore réveillé par
M. Duprat, qui regrettait au fond de
lui faire subir ce supplice; mais son
heure de délivrance sonna enfin : tout
le monde se leva aussitôt que minuit
eut sonné, et il fut libre d'aller se coucher.

———

CHAPITRE VII.

Revenons à Timoléon, maintenant;
voyons comment il envisageait sa nouvelle condition, et si les vœux qu'il avait
formés et les rêves que sa jeune imagination avait élaborés se réalisaient
aussi heureusement qu'il se l'était per-
suadé.

D'abord, en rentrant à la ferme avec

M. Blondeau, celui-ci lui tint le discours
suivant :

« Mon cher enfant, ta manière de
vivre jusqu'à ce jour a été celle d'un
jeune homme destiné à jouir de tous les
avantages de la fortune ; c'est un malheur
pour toi que d'être obligé de renoncer
à tes brillantes espérances; mais si tu
es assez sage pour te soumettre à ta nouvelle destinée, tu comprendras qu'il y a
du bonheur dans toutes les conditions de
la vie, et que la richesse comme la mé-
diocrité ont chacune leurs chances de bien-
être ou de vicissitudes. Ainsi donc, tu sen·
tiras qu'il faut dans ce moment-ci te fa-
çonner à une nouvelle existence, à la
seule qui convienne à ton avenir?

» Tu as reçu les premiers éléments
d'une brillante éducation, cela te servira
toujours; mais je n'ai pas le moyen de te
payer des maîtres ni de te mettre

dans un collége; ce que tu pourrais y
apprendre, d'ailleurs, ne te montrerait
pas comment on cultive un champ, et
comment surtout on le rend productif;
comme tu n'auras pour héritage que
quelques bouts de terre que je te laisse-
rai après moi, ce qui sera le plus
tard possible, la chose la plus essen-
tielle pour toi, c'est de savoir en tirer
parti.

» Ainsi donc, nous laisserons de côté
le dictionnaire et le rudiment, et tu
feras comme le fils de M. Duprat quand
il était le mien, c'est-à-dire que tu
partageras mes travaux et que tu l'em-
ploieras utilement en toutes choses
dans ma maison; car tu aurais beau
devenir savant, archi-savant, tu ne
serais jamais ici qu'un être inutile, et
au village, un être inutile est une
peste; il dérange les autres et devient

à charge à lui-même et à tous ceux qui l'entourent.

» D'après ce que m'a dit Benoît, ou du moins celui-là qui portait ton nom il y a quelques jours, tu as du goût pour l'agriculture; c'est la bonté de Dieu qui a permis cela, et je considère cette propension de ta part comme un acte de la Providence, parce qu'elle t'épargne d'inutiles regrets.

» Allons! mon cher enfant, du courage et de la bonne volonté, et tu verras que tu pourras être encore heureux. »

Timoléon répondit à ce discours qu'il ferait tout ce qui dépendrait de lui pour être agréable à celui qu'il regardait désormais comme son père; il convint que son goût s'était déjà déterminé à l'avance en faveur des travaux de la campagne, et qu'il espérait se mettre

à même de les pratiquer avec succès;
il ajouta que s'il lui arrivait de songer
à ce qu'il était autrefois, ce serait pour
se rappeler les bontés de M. Duprat,
auquel il conserverait toujours une en-
tière reconnaissance; mais que quant
à lui, son ambition était satisfaite, et
qu'il ne regrettait pas un sort plus avantageux.

M. Blondeau l'embrassa et le félicita
de sa résignation et de ses bons sentiments.

A huit heures du soir, les ouvriers
rentrèrent des champs; de même que
les domestiques de M. Duprat, ils
avaient été prévenus par leur maître,
auquel ils étaient dévoués, et ils accueillirent Timoléon avec franchise et
cordialité.

On se mit à table; elle ne présentait
pas une chère délicate et recherchée,

mais une nourriture saine et abondante.
Il n'y avait là nulle distinction. M. Blondeau mangeait avec ses serviteurs, comme
un vrai patriarche; la conversation roula
sur des détails d'agriculture auxquels
Timoléon n'entendait rien, et comme
il se surprit à s'ennuyer, il s'étonna que
son goût pour cet art le favorisât si peu
dans cette circonstance; il espéra toute-
fois que, lorsqu'il l'aurait pratiqué
quelque temps, il y trouverait plus de
charmes.

Comme tout le monde là était fatigué
des travaux de la journée, et n'attendait
que le repos, la levée de table était le
signal de la retraite. Cette circonstance
contraria encore Timoléou; se coucher
à huit heures et demie! il ne pourrait
jamais dormir. M. Blondeau, en lui
souhaitant le bonsoir, lui recommanda
d'être debout le lendemain à cinq

heures du matin. « C'est de bien bonne
heure, se dit-il encore, mais je me ferai à
tout cela. »

Timoléon, en se couchant, trouva le
lit de Benoît bien dur, il ne put fermer
l'œil, et, malgré lui, les réflexions abon-
dantes qui se pressaient dans son esprit
le portaient déjà à croire que les rêves
de bonheur qu'il avait imaginés par rapport à la vie pastorale, pouvaient bien
être un peu hasardés. « Cependant il
faut voir », se dit-il ; et sur cette réflexion,
il parvint à s'endormir.

Laissons-le reposer tranquillement et
retournons un peu en arrière pour voir
ce qui va se passer dans la maison de
Duprat. Vous pouvez déjà apercevoir,
mes enfants, comme, dans une condition
contraire, l'homme est plus ou moins heureux par l'effet des circonstances ou de
son éducation.

CHAPITRE VIII.

Quand Benoît fut, de son côté, étendu mollement dans le lit douillet de Timoléon, le sommeil, qui l'avait accablé si opiniâtrement au salon, ne voulut pas approcher de ses paupières.

Trop de choses se pressaient dans son esprit et l'agitaient trop activement pour qu'il pût fermer l'œil comme il l'aurait voulu. Il repassait dans sa mémoire tous les événements de la journée et récapitulait honteusement toutes ses sottises.

Pendant ce temps, M. et madame Duprat faisaient aussi leurs réflexions.

« Si Timoléon, disait M. Duprat, a déjà fait sur le bonheur de la campagne

les mêmes expériences que Benoît a fai-
tes sur celui de la ville, je crois, ma
chère amie, que nous ne tarderons pas à
l'embrasser, et qu'il sera corrigé pour
longtemps de sa manie de changement.
Mais poursuivons pour chacun d'eux
notre expérience.

Le lendemain, il y eut un dîner d'ap-
parat chez le père de Timoléon; celui-
ci avait prévenu Benoît et lui avait recom-
mandé d'être plus attentif et d'observer
une meilleure tenue que celle qu'il avait
montrée la veille.

La gravité et le ton sévère que M. Duprat déploya pour faire ces observations,
intimidèrent à l'avance le pauvre enfant, et la crainte de mal faire pouvait
bien être une des causes qui le feraient
faillir.

Comme on ne devait dîner qu'à cinq
heures, il put jouir de quelque liberté jus-

qu'à ce moment, et il avisa au moyen de passer son temps ; quand il eut tout re- tourné dans la chambre de Timoléon qu'il eut obtenu l'un après l'autre ses li- vres et ses joujoux, il lui restait encore bien du temps à dépenser, et il ne savait que faire.

Il descendit trouver M. Duprat et lui demanda la permission d'aller visiter la ville.

« Comment, sortir seul, lui répondit celui-ci ; mon ami, tu n'y penses pas, et je ne te permettrai jamais une chose pareille ; tu sauras qu'un jeune homme ne sort jamais sans être accompagné. Aujourd'hui mes domestiques sont trop occupés pour qu'aucun d'eux ait le loisir de le faire ; ainsi, mon cher enfant, tâche de te distraire comme tu pour- ras. »

En disant ces mots, M. Duprat se

le laissa, et Benoît retourna dan sa chambre, où l'ennui vint bientôt lui tenir compagnie.

N'y pouvant plus tenir, il descendit dans la cour de la maison, afin de chercher quelque distraction dans le déplacement; là, il trouva un jeune groom de son âge, occupé à vernir un harnais de cheval, et il l'aborda.

Entre deux enfants, la conversation s'engage bien vite : le petit groom savait, comme les autres domestiques, ce qu'il en était relativement à Benoît, et il résolut de s'en amuser.

Celui-ci était simple et confiant, il lui confessa qu'il s'ennuyait à mourir, et le pria de jouer avec lui.

— Y pensez-vous? s'écria Joseph, c'était le nom du groom, je ne sais pas fait pour jouer avec un jeune monsieur comme vous.

— Oh ! mon ami, je ne suis pas fier, moi, répliqua Benoît, j'ai été élevé comme un paysan, et je serai fort content si tu veux faire société avec moi.

Joseph fut touché de tant de franchise, il renonça à ses projets de mystification, et dit que dans peu d'instants il aurait fini son ouvrage, et qu'alors il ne demanderait pas mieux que de se divertir avec son jeune maître.

Benoît le regarda travailler, et ce fut une occasion de se distraire ; puis, il voyait faire une chose qu'il n'avait jamais vue. Lorsque Joseph eut fini, il lui dit qu'il était entièrement à sa disposition.

Il s'agissait de savoir à quel jeu ils s'arrêteraient, et Benoît n'en connaissait guère ; il se rappela qu'il avait vu des raquettes et un volant dans la chambre de Timoléon, et il courut bien vite les chercher.

La partie commença; Benoît y prenait un plaisir qui le consolait un peu des déboires qu'il avait éprouvés, lorsqu'une croisée de la maison s'ouvrit et il entendit la voix de M. Duprat lui dire de monter de suite.

Benoît, quoiqu'un peu contrarié, se rendit sans hésiter à l'ordre qu'il recevait; il monta dans le cabinet de son prétendu père sans trop se douter pourquoi il était appelé; mais le mécontentement qu'il lut dans les yeux de M. Duprat lui fit craindre d'avoir fait encore quelque chose qui pût le mécontenter.

Effectivement, celui-ci affecta de se montrer fort courroucé contre lui.

« Comment se fait-il, lui dit-il, que vous sentiez assez peu votre dignité pour que vous vous abaissiez à faire votre so-

ciété d'un domestique? Premièrement,
vous saurez que je ne les paie pas pour
servir à vos amusements, et vous saurez
ensuite que, lorsqu'on veut se faire respecter par eux, on ne doit pas en faire
ses camarades; autrement, on perdrait
le droit qu'on a de se faire obéir.

» Je pardonne cette fois à votre igno-
rance; mais que cette leçon vous serve
pour l'avenir. »

Le pauvre Benoît se retira tout confus,
et il remonta dans sa chambre, où il verssa
un torrent de larmes.

« Oh! quelle différence avec la maison
de mon ancien père, dit-il, où les domestiques sont traités comme les enfants!
oh! je voudrais pour bien des choses
que Berthe n'eût jamais dévoilé le
fatal secret qui cachait notre naissance. »

Benoît eut encore à dévorer quelques
heures d'un ennui intolérable; car il ne

savait comment dépenser son temps, et
les livres qu'il avait à sa disposition
étaient en grec et en latin, ou tout-à-fait
hors de sa portée; enfin l'heure du dîner
sonna et il descendit au salon, espérant
que cette circonstance ferait un peu diversion à la monotonie de sa nouvelle
existence.

Il y avait déjà brillante société lorsqu'il entra, et on ne tarda pas à servir;
Benoît, qui n'avait jamais été à même
d'acquérir les usages qu'on a coutume
d'observer dans le grand monde, fit encore une foule d'incongruités plus ridicules
les unes que les autres : tantôt il
mangeait le nez sur son assiette, ou
buvait la bouche pleine; ou bien, il se
servait de sa cuiller au lieu de sa fourchette, ou de sa fourchette au lieu de sa
cuiller.

M. Duprat affectait de le reprendre tout

haut et de lui faire sentir combien tout
ce qu'il faisait était déplacé ; le malheureux
enfant éprouvait un véritable supplice et
maudissait son destin qui l'avait entraîné
à un tel esclavage.

« Oh ! se disait-il, que je savais peu
ce que je disais quand j'ambitionnais
d'arriver à la condition où je suis maintenant ! Oh ! s'il m'était permis de re-
devenir tout simplement le fils de M. Blondeau, rien n'égalerait mon bonheur. »
Et, en pensant à la douceur et à l'indul-
gence de son père, il versait des larmes
de regret.

CHAPITRE IX.

Nous allons retourner à présent voir
ce que fait Timoléon, et comment il va

se trouver de ses essais en agriculture, ce qui lui avait semblé une si belle chose quand il n'était pas forcé de le faire.

Il avait été, comme je l'ai dit, fort longtemps à s'endormir; il y avait quelques heures qu'il reposait, et à peine s'il était jour lorsque M. Blondeau entra dans sa chambre.

— Allons, debout, mon cher enfant, lui dit-il; notre première règle ici, c'est d'être matinal; habille-toi vite, nous allons partir pour nous rendre aux champs, et je te montrerai ce que tu auras à faire.

Timoléon se leva un peu à contre-cœur; les matinées commençaient à être fraîches, et la chambre où il était n'était pas parfaitement close; au village on ne prend pas toutes ses aises comme à la ville; néanmoins il s'arma de courage, et bientôt il courut rejoindre celui qu'il regardait comme son père.

M. Blondeau le regarda en souriant.

« Oh! oh! dit-il, tu n'as pas encore l'air bien réveillé; mais tu t'y feras. Allons, prends cette bêche sur ton épaule et suis-moi; nos gens sont déjà en route, et si nous tardions, l'ouvrage n'irait pas; tu sauras un jour que sans l'œil du maître, la besogne est toujours à moitié faite. »

Timoléon prit la bêche et suivit M. Blondeau; quand il eut un peu marché, il se sentit plus à son aise; M. Blondeau inspecta en passant ses ouvriers, et ils continuèrent leur chemin jusqu'à un champ dont la terre était en partie retournée.

« C'est ici que je vais te donner ta première leçon, dit M. Blondeau en sai-

sissant la bêche, et il se mit en devoir
de montrer à Timoléon comment il fallait
s'y prendre; celui-ci essaya, et comme
il ne manquait pas d'intelligence, il réussit
assez bien.

« C'est parbleu fort bien! continua
M. Blondeau; allons, nous ferons quelque chose de toi. Maintenant, il faut que
je te quitte; car il faut que j'aille près
de mes ouvriers qui sont là-bas; et
comme tu n'as pas encore l'habitude de
notre genre de travail, et qu'il ne faut pas
trop te fatiguer les premiers jours, tu bê-
cheras seulement jusqu'au grand pommier
qui est devant nous; allons, mon cher
ami, du courage, tu as ton déjeuner dans
ton sac; ainsi tu mangeras à huit heures
et tu prendras quelque repos; je vien-
drai te rejoindre quand il faudra partir;
au revoir! »

M. Blondeau s'éloigna, et Timoléon

commença son ouvrage. Il travailla p ·n-
dant quelque temps avec assez d'ardeur;
mais bientôt il éprouva dans les reins
et dans les bras une grande lassitude, et
il fut obligé de se reposer; il recommença
encore, mais sa besogne n'avançait guère·
et puis, il réfléchissait à sa condition
passée et trouvait que ses nouvelles o ·-
cupations étaient non-seulement fatigantes,
mais encore bien monotones, car elles
n'offraient rien qui pût préoccuper son
esprit.

Cependant, il sentit la nécessité de
se soumettre à son sort, et il reprit sa
bêche; mais ses réflexions et la fatigue
ralentissaient son bras, et il finit par se
coucher sur un talus de gazon qui était
sur le bord du champ.

En fouillant dans sa poche, il trouva
un des volumes qu'il avait donnés à Benoit, et cette découverte fit tressaillir son

cœur; quoiqu'il connût cet ouvrage, il se prit à le lire avec avidité, et bientôt il oublia qu'il était devenu Benott le petit paysan, et que la portion de champ qu'il avait à bêcher restait là et pourrait bien rester inculte, si un autre ouvrier ne prenait le soin de la rendre productive.

M. Blondeau revint; il sourit en apercevant de loin Timoléon plongé dans sa lecture et qui n'entendait pas le bruit de ses pas; mais en l'abordant, il composa son visage et il prit un air fort courroucé.

« Oh! oh! qu'est-ce à dire, s'écria-t-il; c'est donc comme cela que tu remplis ta tâche; est-ce que tu crois que c'est avec tes livres que mon champ me rapportera de quoi te nourrir? Mon cher ami, il faut mettre tout cela de côté, entends-tu; il ne faut pas être savant

pour apprendre à bêcher; ainsi, je t'a-
vertis que si je vois des livres entre tes
mains pendant tes heures de travail, je
les brûlerai. »

Timoléon s'excusa, il dit que, n'ayant
pas encore l'habitude de bêcher la terre,
il s'était trouvé trop fatigué pour continuer. M. Blondeau parut admettre ses
raisons et lui pardonna; mais comme il
vit, à la besogne qu'avait faite Timoléon,
qu'il avait dû se reposer longtemps, il
lui dit de reprendre son travail pendant
les deux heures de jour qui restaient;
le pauvre enfant saisit sa bêche assez
tristement et se mit de nouveau à remuer
la terre.

« Voilà donc la nouvelle condition
où je suis réduit, se disait-il à lui-même.
Oh! que j'étais fou d'ambitionner un
pareil état, et que je connaissais mal
mon bonheur! Quoi! ces études qui

élevaient mon esprit et formaient mon cœur, il faut y renoncer? Je ne serai qu'une machine ouvrière; mon imagination ne pourra s'exercer que sur des détails obscurs, et si je veux l'étendre au-delà d'une certaine sphère, je serai ridicule ou répréhensible. Oh! le ciel est bien injuste de m'avoir placé dans une situation plus élevée, pour me faire descendre ensuite, et moi-même j'étais bien fou lorsque, par goût, j'ambitionnais d'en venir là. »

Tout en faisant ces réflexions, Timoléon béchait toujours; mais il était peu propre à faire un pareil métier, quand il considérait le peu de travail qu'il avait fait dans la journée : aussi la tristesse et le découragement s'étaient-ils emparés de son âme.

M. Blondeau, en venant le rejoindre, n'eut pas la force de lui faire de nou-

veaux reproches; il chercha, au contraire, à encourager ses efforts. Ils re-
prirent ensemble le chemin de la ferme,
où le souper les attendait.

La conversation, comme la veille,
roula sur des détails domestiques, ou
sur quelques intérêts d'agriculture.
Lorsqu'on se fut levé de table, et que
chacun songea à se retirer, Timoléon
s'approcha de M. Blondeau, et lui demanda la permission de lire, attendu
qu'il n'avait pas encore envie de dormir.

Mais celui-ci se récria de bonne manière, et dit qu'il fallait à toute force
mettre les livres de côté.

« Comment seras-tu prêt, ajouta-t-il,
à te lever demain à l'heure où nous
nous rendons aux champs, si, au lieu
de te reposer des fatigues de la journée,
qui, je veux bien, n'ont pas été très-

grandes pour toi, tu passes ton temps
à lire à présent? Non, mon garçon, il
faut t'aller coucher et songer à dormir.
Je ne suis pas injuste, pourtant; si tu
tiens absolument à t'instruire, tu pourras
t'occuper de lecture le dimanche après
la messe, quand les travaux ne presse-
ront pas; mais tu me remettras tous les
livres que tu as, et je t'en donnerai un
qui te conviendra mieux, c'est le *Parfait*
Cultivateur; dans cet ouvrage, au
moins, tu pourras puiser des connaissances qui te profiteront et recueillir la
véritable instruction qui te convienne.
Allons! bonsoir, sois prêt demain quand
je t'appellerai, et que je n'entende plus
parler de tout cela. »

Le pauvre Timoléon embrassa M. Blondeau et rejoignit tristement son gra-
bat, où de nouvelles réflexions vinrent
l'assaillir.

5

CHAPITRE X.

Vous voyez, mes enfants, que de part et d'autre Timoléon et Benoît en étaient aux regrets du sort qu'ils avaient désiré et qui malheureusement s'était trop vite réalisé pour eux.

Benoît éprouva encore de nouveaux déboires; il voulut un jour sortir seul et se perdit dans la ville; il rencontra des petits polissons qui lui cherchèrent querelle, lui enlevèrent sa montre et le maltraitèrent d'une manière cruelle.

Le pauvre Benoît, dont le caractère était rempli de bonhomie et de mansuétude, les voyant occupés à jouer, s'était approché d'eux pour les regarder; ils s'aperçurent, à la simplicité de ses ma-

nières, que c'était un nouveau débarqué ;
l'un d'eux l'aborda et lui offrit de jouer
avec eux aux billes. Benoît, qui s'était
trouvé si retenu depuis quelque temps,
saisit avec empressement cette occasion
de se distraire.

Les petits polissons jouaient de l'ar-
gent ; ils s'entendirent pour gagner tout
ce que Benoît avait sur lui ; non contents
de l'avoir dépouillé, ils prétendirent qu'il
avait triché ; tous sautèrent sur lui ; et,
quoiqu'il fût vigoureux, il fut traîné dans
la boue, ses habits furent déchirés et son
visage meurtri.

Dans un tel état, le malheureux enfant
n'osa se représenter chez M. Duprat, et
celui-ci, inquiet de son absence, avait
envoyé ses domestiques, et courut lui-
même à sa recherche.

Benoît était sorti de grand matin de la
maison ; car, si Timoléon était contrarié

de se lever de bonne heure, lui, qui
avait l'habitude de se lever avec le jour,
endurait un cruel supplice d'être obligé
de garder le lit quand il ne pouvait plus
dormir. Ce jour-là, il s'était donc levé
de grand matin et avait voulu profiter du
sommeil de M. Duprat pour courir visiter la ville, qu'il n'avait pas encore vue ;
vous savez le profit qu'il tira de son
escapade.

M. Duprat, après avoir parcouru longtemps diverses rues, le trouva assis pi-
teusement sur le coin d'une borne, où il
pleurait à chaudes larmes.

Le bon monsieur n'eut pas le courage
de le gronder en le voyant dans une telle
situation ; il le fit rentrer avec lui et lui
prescrivit d'aller changer d'habits ; car
ceux qu'il portait étaient en lambeaux et
couverts de boue.

Le lendemain, un autre sujet d'ennui

assiégea le malheureux Benoît ; son prétendu père entra dans sa chambre avec
un vieux monsieur habillé en noir et
d'une figure refrognée.

— Mon cher ami, lui dit-il, comme tu
es fort ignorant et que tu as grand besoin
de t'instruire, afin de paraître convenablement, voici Monsieur qui se charge
de ce soin ; je t'ordonne d'obéir à ton précepteur comme à moi-même, et de le respecter dans tout ce qu'il te prescrira ;
ainsi donc, apprête-toi à commencer aujourd'hui ta première leçon, il y a ici
tout ce qu'il faut pour cela.

— Vous, Monsieur, continua-t-il en
s'adressant au précepteur, je vous recom-
mande d'être sévère et de ne passer sur
aucune faute.

— Soyez tranquille, répondit le monsieur noir en s'inclinant et en faisant
une grimace, je suis connu pour ma mé-

thode d'enseignement, et vous serez satisfait.

— Allons, jeune homme, preste !
continua-t-il en s'adressant à Benoît,
ne perdons pas une minute, préparez-
nous le papier, l'encre et les livres, et
commençons.

M. Duprat sortit, Benoît fit ce qu'on
lui prescrivait; il lorgnait du coin de l'œil
le nouveau personnage auquel il allait
avoir affaire, et dont la figure ne lui revenait pas du tout.

Benoît, comme je l'ai dit, n'était pas
sot; dans toute autre position il aurait
accueilli volontiers l'occasion de s'instruire; mais les formes acerbes et le ton
revêche du précepteur qu'on lui avait
donné, l'indisposèrent; il prit le grec
et le latin en horreur, et ses heures
d'étude dégénérèrent en dégoût et en tour-
ment, sans qu'il lui restât rien de ce

qu'on s'efforçait de lui apprendre. Oh !
comme il regretta davantage ses champs
et ses moutons !

Mais en parlant de moutons, revenons
voir Timoléon, qui, sans doute, est toujours de son côté bien triste et bien
ennuyé.

Il était retourné plusieurs fois aux
champs; il n'avait pas lieu d'être fort
satisfait de lui-même; car il envisageait
sa position avec amertume, et M. Blondeau, qui le stimulait à dessein, semblait
à ses yeux désespérer d'en faire jamais
rien de bon.

Enfin, le dimanche, jour de repos,
arriva; il pensa qu'il serait plus libre de
lui-même, et pourrait jouir d'un peu de
délassement; effectivement, M. Blondeau,
après lui avoir remis entre les mains *le
Parfait Cultivateur*, et s'être étendu
avec complaisance sur les avantages de

ce livre, le seul profitable à ses yeux, le laissa entièrement maître de disposer de son temps.

Timoléon fut d'abord rendre visite à la bonne Berthe, qu'il chérissait toujours comme sa nourrice; cette bonne femme fondit en larmes en le voyant, et peu s'en fallut qu'elle ne dévoilât tout le mystère; mais elle avait promis solennellement à M. Duprat de n'en rien faire, et elle se retint. Berthe lui donna de la galette qu'il trouva excellente, et en sortant de chez elle il alla se promener dans la campagne.

Timoléon s'assit sur l'herbe et ouvrit son livre; mais, après en avoir lu quelques pages, il le laissa; en effet, cet ouvrage, qui peut avoir son but d'utilité, ne lui offrait que des détails ennuyeux et insipides, auxquels il ne pouvait guère prendre goût.

Il continua donc à se promener ; mais bientôt il s'ennuya d'être seul, et il se mit à pleurer en revoyant les lieux qu'il avait autrefois parcourus avec Benoît, dans une situation si différente.

Voulant faire diversion aux sentiments qui l'oppressaient, il poursuivait son chemin, quand il aperçut de loin quelques enfants du village qui jouaient dans une prairie ; il dirigea ses pas de ce côté, afin de se distraire en les regardant ; mais, pour comble d'infortune, quand il fut près d'eux, ils l'accueillirent par des huées et des moqueries injurieuses, par rapport à son changement de condition.

— Ah! te voilà donc, disaient-ils, tu ne fais plus ton monsieur, maintenant, tu n'es plus qu'un paysan comme nous ; vous faisiez bien les fiers toi et ton Be-

noît; va garder les cochons à sa place,
maintenant.

Timoléon voulut s'éloigner, mais ils se
mirent à le poursuivre à coups de pierres,
et ils l'auraient sans doute maltraité, si
un ouvrier de M. Blondeau n'était passé
dans le moment, qui le garantit de cette
mauvaise rencontre.

———

CHAPITRE XI.

Les choses en étaient là de part et
d'autre, et nos deux enfants seraient
sans doute morts de chagrin, si le troc
qu'ils avaient fait de leur position avait
dû se prolonger; car ils en étaient
tous deux bien dégoûtés et bien en-
nuyés.

M. Blondeau écrivait souvent au père
de Timoléon, pour l'instruire de ce que
faisait son fils, et celui-ci, par réci-
procité, lui donnait des nouvelles de
Benoît. Ils commençaient à croire que
la leçon qu'ils avaient donnée à leurs
enfants était déjà profitable, et que chacun d'eux ne serait pas fâché de rentrer à sa place; mais ils auraient voulu
qu'ils revinssent d'eux-mêmes, et que
l'expérience qu'ils venaient d'acquérir
les guidât seule pour revenir sur le
passé.

Ce fut Benoît qui tenta la première
démarche; il entra un jour dans le cabinet de M. Duprat, et le pria, avec timi-
dité, d'écouter attentivement ce qu'il avait
à lui dire.

M. Duprat sourit, et, après l'avoir fait
asseoir auprès de lui, il lui dit qu'il était
prêt à l'entendre.

BENOIT.

C'est que la demande que j'ai à vous faire est bien sérieuse.

M. DUPRAT.

Eh bien! parle, mon ami, je t'écouterai attentivement.

BENOIT.

Ah! je serai bien heureux si vous me l'accordez.

M. DUPRAT.

Je te l'accorderai si elle est raisonnable; mais laisse là tes préambules et arrive au fait.

BENOIT.

Tenez, Monsieur, c'est qu'il faut que je vous le dise, je suis bien malheureux depuis que j'ai été reconnu pour votre fils.

M. DUPRAT.

Oh! oh! moi qui te croyais ambitieux... Tu paraissais si content quand nous sommes venus.

BENOIT.

C'est vrai; mais le ciel m'a bien puni d'avoir quitté si légèrement celui qui m'avait servi de père, pour désirer des choses que je ne connaissais pas.

M. DUPRAT.

Mais songe donc; en étant mon fils, tu es devenu riche, tu auras un jour, comme moi, tous les avantages de la vie.

BENOIT.

Oh bien! cela ne me tente plus du tout. Tenez, voilà ce que j'avais à vous proposer. Si cette vieille Be he n'était pas venue vous apprendre ce maudit secret, vous auriez continué à aimer Timoléon comme votre enfant, et à lui continuer une éducation pour laquelle il semble fait plutôt que moi.

Supposez que cela n'est qu'imagi-
naire, que je suis toujours le fils de
M. Blondeau, et que Timoléon vous ap-
partienne ; ça ne vous coûtera guère,
puisque vous avez été plus accoutumé à
lui qu'à moi, qui ne fais rien que des
sottises et qui ne serai jamais bon qu'à
cultiver la terre ; reprenez Timoléon à ma
place et laissez-moi retourner auprès de
mon ancien père.

M. DUPRAT.

Tu arranges cela..... mais c'est à savoir si M. Blondeau consentira à cet
échange.

BENOIT.

Oh! j'en répondrais.

M. DUPRAT.

Mais qui te dit que Timoléon, lui, ne
soit pas content de son sort ; car je sais
que son goût le portait à devenir cultivateur.

BENOIT.

C'est bien vrai qu'il a eu ce goût-là ;
mais je crois bien que de son côté il en
a déjà assez.

M. DUPRAT.

Tu crois?..... Dame ! écoute, je ne
demande pas mieux que tout cela s'ar-
range ; car je veux avant toute chose
qu'on soit heureux autour de moi. Tu
m'as parlé d'ailleurs avec trop de franchise pour que je puisse t'imposer une
existence et des sentiments qui te répu-
gneraient.

Ecoute, demain nous partirons pour
aller voir M. Blondeau, et nous verrons
à terminer cette affaire.

Benoit sauta de joie, et dans son effu-
sion, il alla embrasser M. Duprat, qui
riait sous cape de ses transports ; jamais,
en effet, depuis son arrivée, il n'avait

été si heureux, et le seul bonheur dont il jouit à la ville, ce fut le plaisir de la quitter.

———

CHAPITRE XII.

Il était sept heures du soir. Timoléon, la bêche sur l'épaule, mais avec toute l'allure d'un condamné, revenait des champs et allait rentrer à la maison; il aperçoit devant la porte une voiture, il reconnaît celle de son père, et il en voit effectivement descendre M. Duprat et après lui Benoît

L'émotion et le saisissement l'empê- chèrent de s'avancer; mais son père le reconnut et lui tendit les bras, et le pauvre enfant reprit ses esprits en se sentant pressé contre son cœur.

M. Blondeau accourut au-devant des voyageurs et s'empressa de les faire entrer.

Avant d'entamer le grave sujet qui les amenait, on se mit à table, et le repas fut assez animé ; car tous avaient du plaisir à se revoir.

Après le souper, les deux pères et leurs enfants, ainsi que la bonne Berthe, qui était survenue en apprenant l'arrivée de M. Duprat, entrèrent dans la chambre de M. Blondeau, où M. Duprat, en tenant son sérieux, déploya là proposition que lui avait faite Benoît.

— Je suis disposé pour mon compte, ajouta-t-il en finissant, à me soumettre à cet arrangement ; mais il n'a de valeur qu'autant qu'il conviendrait à tout le monde.

— Moi, dit à son tour M. Blondeau, je n'ai pas d'objection à faire; j'avais cru que Benoît était un ambitieux qui méprisait la condition de cultivateur; mais puisque c'est lui-même qui a demandé à revenir, je lui rends toute mon amitié, et il peut reprendre sa place auprès de moi.

— Quant à toi, continua M. Duprat, en s'adressant à Timoléon, tu ne consentiras peut-être pas à quitter la vie d'agriculteur et les travaux champêtres pour lesquels tu avais un goût si passionné.

Timoléon baissa la tête; mais M. Blondeau se chargea de répondre pour lui.

On s'embrassa cordialement, et la bonne Berthe ne fut pas la moins heureuse de voir que son cher Timoléon ne serait plus obligé de descendre de son rang et d'être exposé à de rudes travaux.

M. Duprat jugea qu'il était inutile de jouer plus longtemps la comédie, et il apprit aux deux enfants que tout ce qu'on leur avait dit n'avait été imaginé que pour leur donner une leçon qui pût laisser après elle une impression durable.

— Vous voyez, ajouta-t-il, que chacun doit vivre content dans la position où le ciel l'a placé; et que l'homme qui passe ses jours à former des vœux imprudents et à ne pas jouir de ce qu'il possède, pour être la proie d'une ambition insatiable, celui-là s'attire de continuels chagrins et possède sans jouir.

Benoît et Timoléon remercièrent leurs parents de les avoir éclairés par une

épreuve qui ne leur avait causé qu'une
peine passagère; ils restèront toujours
amis, quoique dans une condition de
fortune différente, et jamais leur existence ne fut altérée par le moindre dé-
plaisir.

———

CONCLUSION.

Benoît reprit avec une grande joie et
un vif empressement ses travaux et ses
habitudes champêtres. — Que je suis
heureux, disait-il à son père, que tout
ce qui a lieu n'ait été qu'une pure con-
vention et se soit passé comme un
rêve. Ah! je n'aurais jamais pu me faire
au train de la ville; si vous saviez com-

me il faut se tenir raide et compassé, et puis on ne peut pas faire ce qu'on veut; si vous avez envie d'aller à droite, on vous dit qu'il faut aller à gauche, parce que c'est l'usage, et que vous seriez ridicule.

Au moins ici je n'ai pas tant de précautions à prendre; quand j'ai fait mon travail, je vais et viens comme bon me semble, sans que personne prenne garde à moi; et si je suis fatigué et que je veuille dormir, je vais me coucher sans qu'on me dise qu'il est trop tôt ou qu'il y a de l'inconvenance à se mettre au lit de bonne heure.

M. Blondeau l'approuva, et lui dit que la liberté était le premier bien de l'homme; et, qu'il soit enchaîné par la force ou par ses habitudes, il n'en subit pas moins les peines de l'esclavage.

Timoléon, d'un autre côté, se trou-

vait heureux par des raisonnements con-
traires; il s'applaudissait de ce que
le ciel l'avait fait naître dans une condition où il pouvait, sans songer aux
premiers besoins de la vie et y satisfaire
par de rudes travaux, développer en lui
tous les trésors de l'intelligence et profiter de la supériorité que donne l'instruction.

Les deux jeunes gens conservèrent
toujours entre eux une étroite et sincère
amitié. Benoît perfectionna ses travaux
par les connaissances que lui firent
acquérir ses relations avec Timoléon.
Il devint un des plus habiles agronomes
de la contrée, il arriva ainsi à acquérir
une fortune considérable, qui lui donna
une sorte de consistance parmi ses con-
citoyens.

Timoléon, lui, perfectionna ses connaissances et devint un légiste distin-

gné. Benoît, aimé et estimé comme un honorable citoyen, profita de l'ascendant qu'il exerçait dans le pays, et de la considération dont il jouissait pour servir son ami. Par ses soins, Timoléon devint un des députés de son département et fit valoir à la chambre les talents et les connaissances qu'il avait acquis.

Tous deux en grandissant avaient donc conservé mutuellement une sincère amitié à l'égard l'un de l'autre. Ce sentiment fut durable dans leurs cœurs, et la différence de position sociale ne plaça jamais aucune barrière entre eux ; tous deux se marièrent convenablement, et les alliances qu'ils contractèrent accrurent encore leur bien-être.

La femme de Timoléon ne lui donna qu'un fils, qu'il éleva avec le plus grand soin et auquel il fit partager ses senti-

ments de philosophie et de désinteres-
sement. Quelques années plus tard, Benoît devint père d'une charmante petite
fille, qui resta aussi son unique enfant :
l'amitié des deux pères rapprocha ces
deux jeunes gens lorsqu'ils furent deve-
nus grands, et Timoléon et Benoît mirent
le sceau aux sentiments qui les animaient
et à leur bonheur, en faisant un ma-
riage qui les rapprochait encore plus
intimement.

L'AMOUR-PROPRE LOUABLE.

———

Je vous ai fait voir, mes bien chers enfants, tout ce qu'il y avait de ridicule dans l'amour-propre, quand il s'appliquait à servir la sottise. Je veux vous parler maintenant d'un autre genre d'amour-propre, qui est le fruit de l'émulation, et qu'il est nécessaire d'avoir.

L'amour-propre dont je veux parler est un désir ardent de bien faire, et de se distinguer ; c'est lui qui nous porte à bien remplir nos devoirs, à ne pas rester en arrière des autres, et au contraire à essayer de les surpasser ; ainsi un savant, un artiste, un ouvrier même chercheront par amour-propre à faire

6

une œuvre supérieure, et à laisser en
arrière leurs rivaux. C'est là l'amour-
propre louable, celui qui mène à accom-
plir de grandes choses ; quand il manque
aux hommes, ils n'accomplissent rien de
bien.

Il y avait en 1827, dans un collége
de Paris, un jeune homme, appelé Georges Poncelet, que la nature avait traité
bien rigoureusement : Georges était dévoré du désir de s'instruire ; mais il
n'apprenait qu'avec de grandes difficultés, et grâce à des efforts pénibles. Il
était affligé ensuite d'un défaut physique
bien disgracieux, il bégayait d'une manière horrible, et parvenait difficilement
à se faire entendre.

Les écoliers ne sont pas de leur nature fort indulgents. Le pauvre Georges
était devenu leur plastron ; on s'ingéniait
chaque jour à lui faire de nouvelles ni-

ches ; on le contrefaisait dans son langage,
et le pauvre enfant ne savait plus où se
fourrer et maudissait ses imperfections.

Le professeur qui était chargé d'instruire Georges s'était intéressé à lui, il
aurait voulu lui tenir compte des efforts
qu'il faisait pour apprendre, et lui éviter
les désagréments que lui occasionnait la
turbulence de ses condisciples ; mais, dans
le premier cas, il était forcé d'être juste
et ne pouvait donner à son protégé une
place que son devoir ne lui méritait pas,
et d'un autre côté, il ne pouvait toujours
être derrière ses élèves pour les empêcher de taquiner le pauvre bègue.

Georges souffrait, et souffrait horrible-
ment ; car il était dévoré d'amour-propre ;
lorsqu'après avoir bien travaillé, il se
voyait proclamer à une place inférieure,
il pleurait à chaudes larmes et désespé-
rait de lui-même.

Et lorsque, dans ces moments-là, un de ses camarades s'avisait de contrefaire son infirmité, le pauvre enfant, naturellement si doux et si bon, s'élançait sur lui comme un furieux et le maltraitait.

M. Naudet, le professeur de Georges, fit un héritage qui lui apporta une assez belle fortune. Comme il était âgé et que sa santé exigeait des ménagements, il se décida à abandonner sa place; il annonça cette circonstance à ses élèves; la plupart se montrèrent assez indifférents, le seul Georges manifesta un profond respect.

En effet, cette séparation était cruelle pour le pauvre enfant; car M. Naudet était le seul qui lui eût montré de l'intérêt et qui le protégeât; maintenant il allait se trouver abandonné; que deviendrait-il, toujours en butte aux railleries de ses camarades !

Il vint trouver M. Naudet au milieu de

ses préparatifs de départ, et lui manifesta sa reconnaissance et ses regrets. Le bon professeur fut touché du chagrin qui se peignait sur le visage de cet infortuné ; il lui en coûta de l'abandonner, d'autant plus qu'il ne comptait pas sur autant d'affection de sa part.

Il se promena dans sa chambre de long en large, en ayant l'air de réfléchir ; le jeune écolier l'observait en silence, il semblait attendre quelque résolution. Enfin M. Naudet s'approcha de lui.

M. NAUDET. — Georges, tu n'as plus de parents, je crois?

GEORGES. — Non, mo,o,osieur, je suis orphelin.

M. NAUDET. — C'est ton tuteur qui paie ici ta pension?

GEORGES. — Oui mo, mosieur, c'est mon oncle.

M. Naudet. —Tu éprouves donc de la peine de ce que je m'en vais?

Georges. — Vous, vous le vo, oyez à, à mes larmes.

M. Naudet. — Et tu serais bien aise si je t'emmenais avec moi?

Georges *lui baisant la main avec vi-vacité.* — O oh! Mon, onsieur, oui! je e serais bien heureux.

M. Naudet. — Eh bien! écoute, mon cher enfant, je vais demeurer dans une campagne où je vivrai isolé; il me faut une compagnie, et comme tu m'intéresses, ce sera toi qui feras ma société. Je continuerai ton éducation, et comme je n'exigerai rien pour cela, ni pour ta pension, je pense que ton tuteur, auquel je vais écrire, ne s'y opposera pas; je retarderai mon départ de quelques jours pour attendre sa réponse, et si, comme je le pense, elle est favorable à mes intentions, je t'emmènerai avec moi.

GEORGES. — Que vous êtes bon et que je vous aimerai !

Quelques jours s'écoulèrent ; enfin une lettre vint annoncer à M. Naudet que rien ne s'opposait à qu'il emmenât son protégé ; tous deux montèrent en diligence, et ils arrivèrent bientôt au village de ***, en Dauphiné, où se trouvaient les propriétés dont M. Naudet venait d'hériter.

Ce digne homme s'attacha de plus en plus à son élève, dans lequel il ne rencontrait que de l'attachement et de l'application. Il inventa, pour lui faciliter l'instruction, une méthode qui devait vaincre toutes les difficultés que lui opposait son intelligence rebelle, et il eut lieu de s'en applaudir, car Georges, excité par sa reconnaissance et le violent

désir qu'il avait d'apprendre, fit des pro-
grès surprenants, et répara bientôt le
temps qu'il avait perdu au collége.

Ce n'est pas tout; Georges souffrait
sans cesse de la fâcheuse impression que
produisait son bégaiement sur ceux qui
l'écoutaient, et il résolut de vaincre aussi
la nature de ce côté.

Il avait lu que Démosthènes, philosophe
de la Grèce, avait obtenu ce résultat, et
cela l'encourageait; il s'appliqua donc,
avec des efforts inouïs et une patience
angélique, à réprimer la contraction ner-
veuse qui nuisait à sa parole, et par de-
grés il y parvint.

Il avait caché cet essai de réforme à
son bienfaiteur. Celui-ci fut bien étonné
un jour, quand il le vit se présenter devant
lui, et lui débiter avec netteté, et sans
la moindre gêne, une longue tirade d'une
tragédie de Racine.

Le bon M. Naudet fut émerveillé d'un résultat si prodigieux; il embrassa avec tendresse son cher Georges, et le félicita de toute son âme

M. Naudet continua à aimer son élève comme s'il eût été son propre fils; il adopta Georges, qui continua sous lui à faire de brillantes études et devint un avocat distingué, et à sa mort il lui laissa toute sa fortune.

Je veux vous raconter, sur le même sujet, l'histoire d'un autre jeune homme, que l'amour-propre ramena à ses devoirs et sauva d'une existence pénible et malheureuse.

Julien Dernemont était un des écoliers de M. Duval, maître de pension distingué des environs de Paris. Julien désolait ses maîtres, il ne voulait rien faire, c'était le plus grand paresseux, le cancre le plus éhonté qui se fût jamais vu.

Les parents de Julien étaient d'anciens négociants qui avaient acquis une fortune honnête, et parce qu'il avait l'espérance d'hériter de quelques richesses, notre écolier ne voulait pas se donner la peine de travailler et de s'instruire.

On lui infligeait les punitions les plus humiliantes; il était la risée de tous ses condisciples, qui le bafouaient continuellement; mais rien ne faisait; Julien restait insouciant sur tout ce qu'on lui faisait, et il arrivait tout droit à tomber dans l'abrutissement le plus complet.

M. Duval était désolé, il avait épuisé sur Julien tous les moyens possibles pour le ramener à ses devoirs et tâcher d'exciter son émulation; mais tout avait échoué contre l'ignoble insouciance de son élève. Comme ce maître de pension était un honnête homme, et qu'il voyait que les dépenses qu'on faisait pour l'é-

avides, d'un autre côté elle perdit dans une banqueroute des fonds considérables qui avaient été placés par son mari, et en peu de temps cette mère se vit réduite à de faibles ressources pour exister elle et son fils.

« Si tu avais voulu t'instruire, lui dit-elle un jour dans l'amertume de sa douleur, et profiter de l'éducation que nous avions alors les moyens de te donner, nous serions aujourd'hui à même de braver les revers qui viennent nous accabler. Ah! ce n'est pas pour moi que je crains la misère et que je redoute l'avenir, mais toi, malheureux enfant, que deviendras-tu? je ne te vois capable de rien, et ton avenir m'effraie. »

Ces paroles firent une profonde impression sur Julien, et réveillèrent enfin son amour-propre. Il se mit à travailler avec une ardeur infatigable, et ses efforts furent couronnés de succès, car au bout de quelque temps il avait acquis des connaissances précieuses, et dont il était d'autant plus fier qu'il les devait à lui-même.

Julien continua dans les mêmes voies, et au bout de deux ans on pouvait le citer comme un jeune homme des plus instruits et un sujet des plus distingués. Comme il était capable de tout faire, il obtint un emploi avantageux et honorable, qui remplaça la fortune qu'il avait perdue, et à l'aide duquel il eut le bonheur de soutenir sa mère et de lui procurer le bien-être de la vie.

FIN.

Limoges. — Imp. E. Ardant et Cie.

Original en couleur

NF Z 43-120-8

www.ingramcontent.com/pod-product-compliance
Lightning Source LLC
Chambersburg PA
CBHW060624100426
42744CB00008B/1490